სკოლა - school 2
მოგზაურობა - reis 5
ტრანსპორტი - transport 8
ქალაქი - stad 10
ლანდშაფტი - landschap 14
რესტორანი - restaurant 17
სუპერმარკეტი - supermarkt 20
დასალევი - dranken 22
საჭმელი - eten 23
ფერმა - boerderij 27
სახლი - huis 31
მისაღები ოთახი - woonkamer 33
სამზარეულო - keuken 35
აბაზანა - badkamer 38
საბავშვო ოთახი - kinderkamer 42
ტანსაცმელი - kleding 44
ოფისი - kantoor 49
ეკონომიკა - economie 51
პროფესიები - beroepen 53
იარაღები - gereedschap 56
მუსიკალური ინსტრუმენტები - muziekinstrumenten 57
ზოოპარკი - dierentuin 59
სპორტი - sport 62
მოქმედებები - activiteiten 63
ოჯახი - familie 67
სხეული - lichaam 68
საავადმყოფო - ziekenhuis 72
გადაუდებელი შემთხვევა - noodgeval 76
დედამიწა - aarde 77
საათი - klok 79
კვირა - week 80
წელი - jaar 81
ფორმები - vormen 83
ფერები - kleuren 84
საპირისპიროები - tegenstellingen 85
რიცხვები - getallen 88
ენები - talen 90
ვინ / რა / როგორ - wie / wat / hoe 91
სად - waar 92

Impressum
Verlag: BABADADA GmbH, Nedderfeld 112 , 22529 Hamburg
Geschäftsführer / Verlagsleitung: Harald Hof
Druck: Books on Demand GmbH, In de Tarpen 42, 22848 Norderstedt

Imprint
Publisher: BABADADA GmbH, Nedderfeld 112 , 22529 Hamburg, Germany
Managing Director / Publishing direction: Harald Hof
Print: Books on Demand GmbH, In de Tarpen 42, 22848 Norderstedt, Germany

1

სკოლა

school

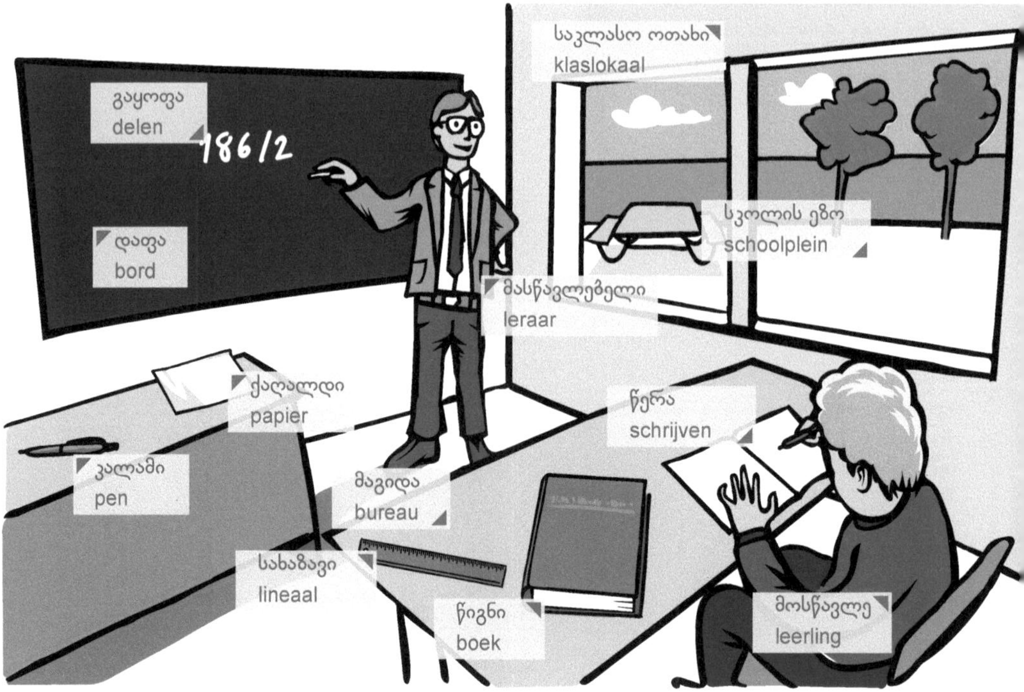

საკლასო ოთახი
klaslokaal
გაყოფა
delen
186/2
დაფა
bord
სკოლის ეზო
schoolplein
მასწავლებელი
leraar
ქაღალდი
papier
წერა
schrijven
კალამი
pen
მაგიდა
bureau
სახაზავი
lineaal
წიგნი
boek
მოსწავლე
leerling

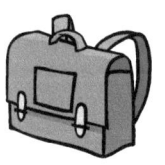

ზურგჩანთა

schooltas

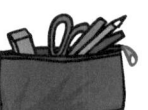

პენალი

etui

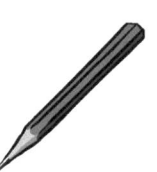

ფანქარი

potlood

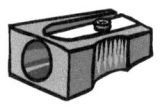

ფანქრების სათლელი

puntenslijper

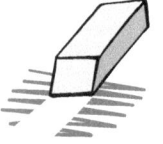

საშლელი

gum

ნახატების ალბომი

schetsblok

ნახატი
tekening

ფუნჯი
penseel

საღებავის ყუთი
verfdoos

მაკრატელი
schaar

წებო
lijm

სავარჯიშო რვეული
schrift

საშინაო დავალება
huiswerk

ნომერი
getal

დამატება
optellen

გამოკლება
aftrekken

გამრავლება
vermenigvuldigen

გამოთვლა
rekenen

წერილი
letter

ანბანი
alfabet

სიტყვა
woord

ტექსტი

tekst

წაკითხვა

lezen

ცარცი

krijt

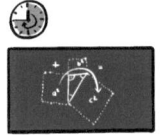

გაკვეთილი

les

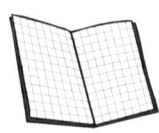

რეგისტრაცია

klassenboek

გამოცდა

examen

სერტიფიკატი

diploma

სკოლის ფორმა

schooluniform

განათლება

opleiding

ენციკლოპედია

encyclopedie

უნივერსიტეტი

universiteit

მიკროსკოპი

microscoop

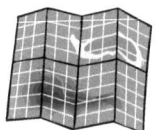

რუქა

kaart

კალათა ნარჩენი
ქაღალდებისათვის

prullenmand

სასტუმრო
hotel
Grand
ჰოსტელი
hostel
ROOMS
€CHANGE
ვალუტის გადაცვლის პუნქტი
wisselkantoor
ჩემოდანი
koffer
მანქანა
auto

ენა

taal

კი / არა

ja / nee

კარგი

oké

გამარჯობა

Hallo!

მთარგმნელი

tolk

გმადლობთ

Bedankt.

რა ღირს... ?

....

Wat kost ...?

ვერ გავიგე

....

Ik begrijp het niet.

პრობლემა

....

probleem

აღამო მშვიდობისა!

....

Goedenavond!

დილა მშვიდობისა!

....

Goedemorgen!

ღამე მშვიდობისა!

....

Goedenacht!

ნახვამდის

....

Tot ziens!

მიმართულება

....

richting

ბარგი

....

bagage

ჩანთა

....

tas

ზურგჩანთა

....

rugzak

სტუმარი

....

gast

ოთახი

....

kamer

საძილე ტომარა

....

slaapzak

კარავი

....

tent

ტურისტული ინფორმაცია

VVV-kantoor

სანაპირო

strand

საკრედიტო ბარათი

creditkaart

საუზმე

ontbijt

ლანჩი

lunch

ვახშამი

diner

ბილეთი

kaartje

ლიფტი

lift

საფოსტო მარკა

postzegel

საზღვარი

grens

საბაჟო

douane

საელჩო

ambassade

ვიზა

visum

პასპორტი

paspoort

ტრანსპორტი
transport

თვითმფრინავი
vliegtuig
გემი
schip
სახანძრო მანქანა
brandweerwagen
ავტობუსი
bus
სატვირთო მანქანა
vrachtauto
მოტორიზებული ნავი
motorboot
მანქანა
auto
ველოსიპედი
fiets

ბორანი

veerboot

ნავი

boot

მოტოციკლი

motorfiets

პოლიციის მანქანა

politiewagen

სარბოლო მანქანა

raceauto

დაქირავებული მანქანა

huurauto

მანქანის ერთობლივი მოხმარება
carsharing

საბუქსირე მანქანა
....
takelwagen

ნაგვის მანქანა
....
vuilniswagen

ძრავა
....
motor

საწვავი
....
benzine

ბენზინგასამართი სადგური
....
benzinepomp

საგზაო ნიშანი
....
verkeersbord

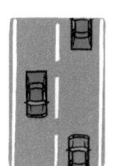

მოძრაობა
....
verkeer

საცობი
....
file

მანქანის სადგომი
....
parkeerplaats

მატარებლის სადგური
....
station

ლიანდაგები
....
rails

მატარებელი
....
trein

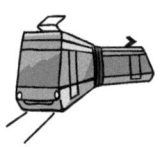

ტრამვაი
....
tram

ვაგონი
....
wagon

ვერტმფრენი
helikopter

აეროპორტი
luchthaven

კოშკი
toren

მგზავრი
passagier

კონტეინერი
container

მუყაოს ყუთი
verhuisdoos

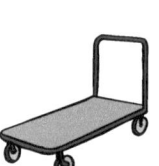

ურიკა
kar

კალათა
mand

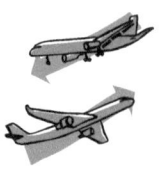

აფრენა / დაშვება
opstijgen / landen

ქალაქი

stad

სოფელი
dorp

ქალაქის ცენტრი
stadscentrum

სახლი
huis

კინოთეატრი
bioscoop
რეკლამა
reclame
CINEMA
ქუჩის ლამპიონი
straatlantaarn
ქუჩა
straat
ტაქსი
taxi
სავაჭრო ჯიხური
kiosk
ქვეითი
voetganger
ტროტუარი
trottoir
ჯვარედინი
kruispunt
ქვეითების გადასასვლელი
zebrapad
ნაგვის ურნა
vuilnisbak
შუქნიშანი
stoplicht

ქოხი

hut

ბინა

appartement

მატარებლის სადგური

station

მუნიციპალიტეტი

stadhuis

მუზეუმი

museum

სკოლა

school

უნივერსიტეტი

universiteit

ბანკი

bank

საავადმყოფო

ziekenhuis

სასტუმრო

hotel

აფთიაქი

apotheek

ოფისი

kantoor

წიგნების მაღაზია

boekenwinkel

მაღაზია

winkel

ფლორისტი

bloemenwinkel

სუპერმარკეტი

supermarkt

ბაზარი

markt

მაღაზიის განყოფილება

warenhuis

თევზის გამყიდველი

visboer

სავაჭრო ცენტრი

winkelcentrum

ნავსადგომი

haven

პარკი

park

გრძელი სკამი

bank

ხიდი

brug

კიბეები

trap

მიწისქვეშა გადასასვლელი

metro

გვირაბი

tunnel

ავტობუსის გაჩერება

bushalte

ბარი

bar

რესტორანი

restaurant

საფოსტო ყუთი

brievenbus

ქუჩის ნიშანი

straatnaambord

პარკინგის საზომი

parkeermeter

ზოოპარკი

dierentuin

საცურაო აუზი

zwembad

მეჩეთი

moskee

ფერმა

boerderij

გარემოს დაბინძურება

vervuiling

სასაფლაო

begraafplaats

ეკლესია

kerk

საბავშვო მოედანი

speelplaats

ტაძარი

tempel

ლანდშაფტი

landschap

ფოთოლი
blad
გზის მანიშნებელი ნიშანი
wegwijzer
გზა
weg
მდელო
weide
ქვა
steen
მოგზაური
wandelaar
ხე
boom
მდინარე
rivier
ბალახი
gras
ყვავილი
bloem

ხეობა

vallei

გორაკი

berg

ტბა

meer

ტყე

bos

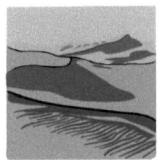

უდაბნო

woestijn

ვულკანი

vulkaan

ციხე

kasteel

ცისარტყელა

regenboog

სოკო

paddenstoel

პალმა

palmboom

კოღო

mug

ბუზი

vlieg

ჭიანჭველა

mier

ფუტკარი

bij

ობობა

spin

ხოჭო
....
kever

ბაყაყი
....
kikker

ციყვი
....
eekhoorn

ზღარბი
....
egel

კურდღელი
....
haas

ბუ
....
uil

ფრინველი
....
vogel

გედი
....
zwaan

ტახი
....
wild zwijn

ირემი
....
hert

ცხენ-ირემი
....
eland

კაშხალი
....
stuwdam

ქარის ტურბინა
....
windmolen

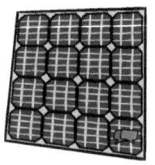

მზის ბატარეა
....
zonnepaneel

კლიმატი
....
klimaat

რესტორანი
restaurant

მიმტანი
ober
მენიუ
menu
სკამი
stoel
სუპი
soep
პიცა
pizza
დანა-ჩანგალი
bestek
მაგიდაზე გადასაფარებელი
tafelkleed

საუზმე
voorgerecht

მთავარი კერძი
hoofdgerecht

დესერტი
toetje

დასალევი
dranken

საჭმელი
eten

ბოთლი
fles

სწრაფი კვება

fastfood

ქუჩის საჭმელი

eetkraampje

ჩაიდანი

theepot

საშაქრე

suikerpot

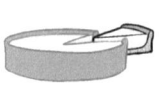

პორცია

portie

ესპრესოს მანქანა

espressomachine

მაღალი სკამი

kinderstoel

ანგარიში

rekening

ლანგარი

dienblad

დანა

mes

ჩანგალი

vork

კოვზი

lepel

ჩაის კოვზი

theelepel

ხელსახოცი

servet

ჭიქა

glas

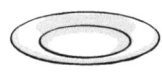

თეფში
bord

სუპის თეფში
soepbord

ჩაის ლამბაქი
schotel

საწებელი
saus

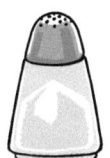

სამარილე
zoutvaatje

წიწაკის საფქვავი
pepermolen

ძმარი
azijn

ზეთი
olie

სანელებლები
kruiden

კეტჩუპი
ketchup

მდოგვი
mosterd

მაიონეზი
mayonaise

სუპერმარკეტი

supermarkt

სპეციალური შეთავაზება
aanbieding
FOR
მომხმარებელი
klant
რძის ნაწარმი
zuivelproducten
ურიკა
winkelwagen
ხილი
fruit

საყასბო

slager

საცხობი

bakkerij

აწონვა

wegen

ბოსტნეული

groente

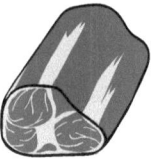

ხორცი

vlees

გაყინული საკვები

diepvriesproducten

გრილი ხორცი

vleeswaren

კონსერვები

conserven

სარეცხი ფხვნილი

wasmiddel

ტკბილეული

snoepgoed

საყოფაცხოვრებო პროდუქტები

huishoudelijke artikelen

სარეცხი საშუალებები

schoonmaakmiddel

გამყიდველი

verkoopster

სალარო

kassa

მოლარე

kassier

საყიდლების სია

boodschappenlijstje

მუშაობის საათები

openingstijden

პორტმანი

portefeuille

საკრედიტო ბარათი

creditkaart

ჩანთა

tas

პლასტიკური პარკი

plastic zak

დასალევი
dranken

წყალი

water

წვენი

sap

რძე

melk

კოკა-კოლა

cola

ღვინო

wijn

ლუდი

bier

ალკოჰოლი

alcohol

კაკაო

chocolademelk

ჩაი

thee

ყავა

koffie

ესპრესო

espresso

კაპუჩინო

cappuccino

ბანანი

banaan

ვაშლი

appel

ფორთოხალი

sinaasappel

საზამთრო

watermeloen

ლიმონი

citroen

სტაფილო

wortel

ნიორი

knoflook

ბამბუკი

bamboe

ხახვი

ui

სოკო

paddenstoel

კაკალი

noten

ატრია

pasta

სპაგეტი

spaghetti

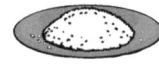

ბრინჯი

rijst

სალათი

salade

ჩიპსები

friet

შემწვარი კარტოფილი

gebakken aardappelen

პიცა

pizza

ჰამბურგერი

hamburger

სენდვიჩი

sandwich

კოტლეტი

schnitzel

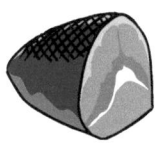

ლორი

ham

სალიამი

salami

ძეხვი

worst

წიწილა

kip

შემწვარი ხორცი

gebraad

თევზი

vis

შვრიის ფაფა

havermout

მუსლი

muesli

სიმინდის ფანტელები

cornflakes

ფქვილი

meel

კრუასანი

croissant

ბულკი

broodjes

პური

brood

ტოსტი

toast

ნამცხვრები

koekjes

კარაქი

boter

ხაჭო

kwark

ტორტი

taart

კვერცხი

ei

ერბო-კვერცხი

gebakken ei

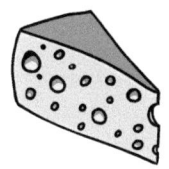

ყველი

kaas

ნაყინი
ijs

შაქარი
suiker

თაფლი
honing

ჯემი
jam

შოკოლადის კრემი
chocoladepasta

კარი
kerrie

ფერმა
boerderij

თავლა
schuur
ჩალის შეკვრა
hooibaal
ყანა
veld
ცხენი
paard
მისაბმელი
aanhangwagen
ტრაქტორი
tractor
კვიცი
veulen
ezel
ცხვარი
schaap
ცხვარი
lam

თხა
geit

ძროხა
koe

ხბო
kalf

ღორი
varken

გოჭი
big

ხარი
stier

ბატი

gans

იხვი

eend

წიწილა

kuiken

ქათამი

kip

მამალი

haan

ვირთხა

rat

კატა

kat

თაგვი

muis

ხარი

os

ძაღლი

hond

საძაღლე

hondenhok

ბაღის შლანგი

tuinslang

საბაღე წურწურა

gieter

ცელი

zeis

გუთანი

ploeg

ნამგალი

sikkel

თოხი

schoffel

პატივის სახვეტი ჩანგალი

hooivork

ცული

bijl

მაზიდი

kruiwagen

გობი

trog

რძის ბიდონი

melkbus

ტომარა

zak

ღობე

hek

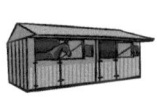

ბოსელი

stal

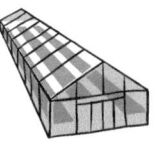

სათბური

broeikas

ნიადაგი

grond

თესლი

zaad

სასუქი

mest

მოსავლის ამღები კომბაინი

maaidorser

მოსავლის აღება

oogsten

მოსავალი

oogst

იამი

yam

ხორბალი

tarwe

სოიო

soja

კარტოფილი

aardappel

სიმინდი

maïs

სარეველას თესლი

koolzaad

ხეხილი

fruitboom

მანიოკი

maniok

მარცვლეული

granen

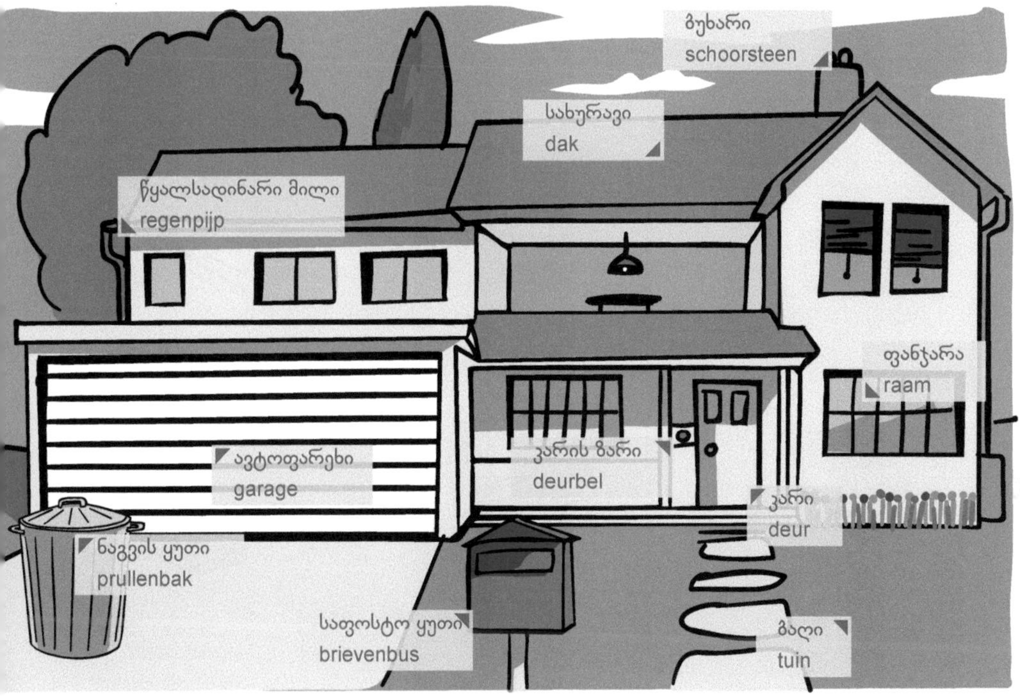

ბუხარი
schoorsteen
სახურავი
dak
წყალსადინარი მილი
regenpijp
ფანჯარა
raam
ავტოფარეხი
garage
კარის ზარი
deurbel
კარი
deur
ნაგვის ყუთი
prullenbak
საფოსტო ყუთი
brievenbus
ბაღი
tuin

მისაღები ოთახი

woonkamer

აბაზანა

badkamer

სამზარეულო

keuken

საძინებელი

slaapkamer

საბავშვო ოთახი

kinderkamer

სასადილო ოთახი

eetkamer

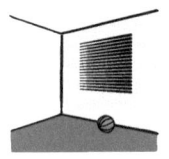

სართული
vloer

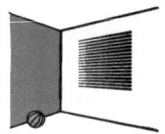

კედელი
muur

ჭერი
plafond

სარდაფი
kelder

საუნა
sauna

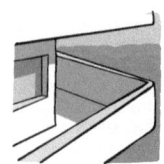

აივანი
balkon

ტერასა
terras

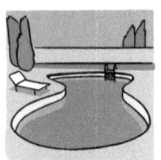

აუზი
zwembad

გაზონის საკრეჭი
grasmaaier

საბნის კონვერტი
laken

საწოლი
bedsprei

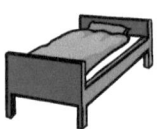

ლოგინი
bed

ცოცხი
bezem

სათლი
emmer

გადამრთველი
schakelaar

მისაღები ოთახი
woonkamer

შპალერი
behang
ნახატი
foto
ნათურა
lamp
თარო
plank
კარადა
kast
ტელევიზორი
televisie
ბუხარი
open haard
ყვავილი
bloem
ბალიში
kussen
დივანი
bankstel
ვაზა
vaas
დისტანციური მართვა
afstandsbediening

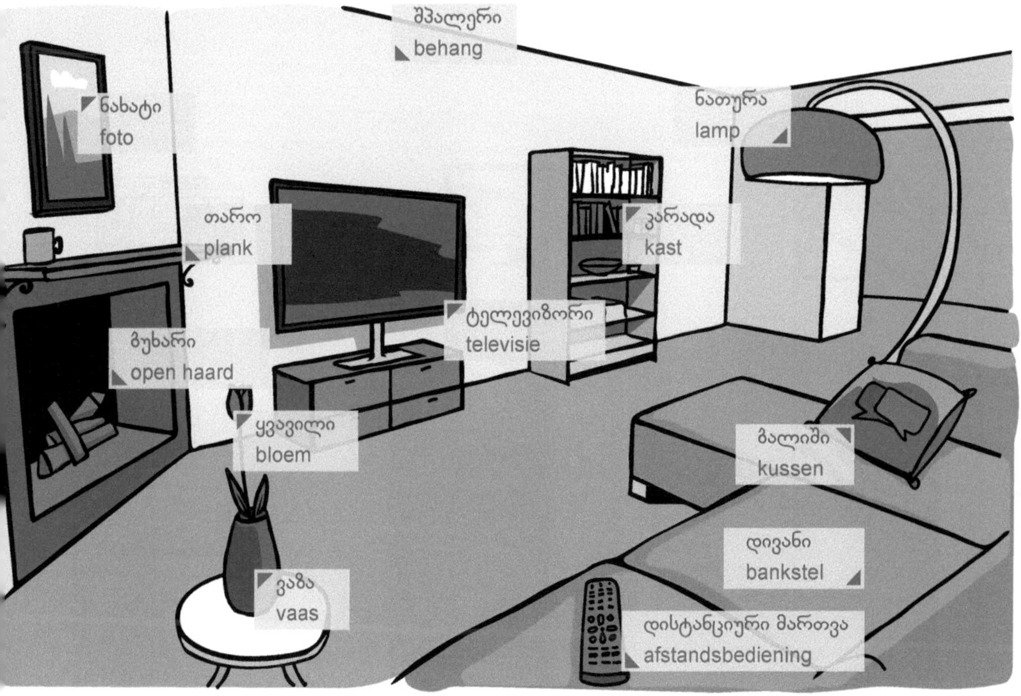

ხალიჩა

tapijt

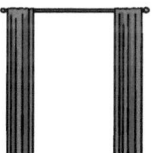

ფარდა

gordijn

მაგიდა

tafel

სკამი

stoel

სარწეველა სკამი

schommelstoel

სავარძელი

stoel

წიგნი
boek

საბანი
deken

დეკორაცია
decoratie

შეშა
brandhout

ფილმი
film

hi-fi მოწყობილობები
stereo-installatie

გასაღები
sleutel

გაზეთი
krant

ფერწერა
schilderij

პლაკატი
poster

რადიო
radio

ბლოკნოტი
kladblok

მტვერსასრუტი
stofzuiger

კაქტუსი
cactus

სანთელი
kaars

სამზარეულო
keuken

მაცივარი
koelkast
მიკრო-ტალღური ღუმელი
magnetron
სამზარეულოს სასწორი
keukenweegschaal
ტოსტერი
toaster
სარეცხი საშუალება
schoonmaakmiddel
ღუმელი
oven
საყინულე
vriesvak
ნაგვის ყუთი
prullenbak
ჭურჭლის სარეცხი მანქანა
vaatwasser

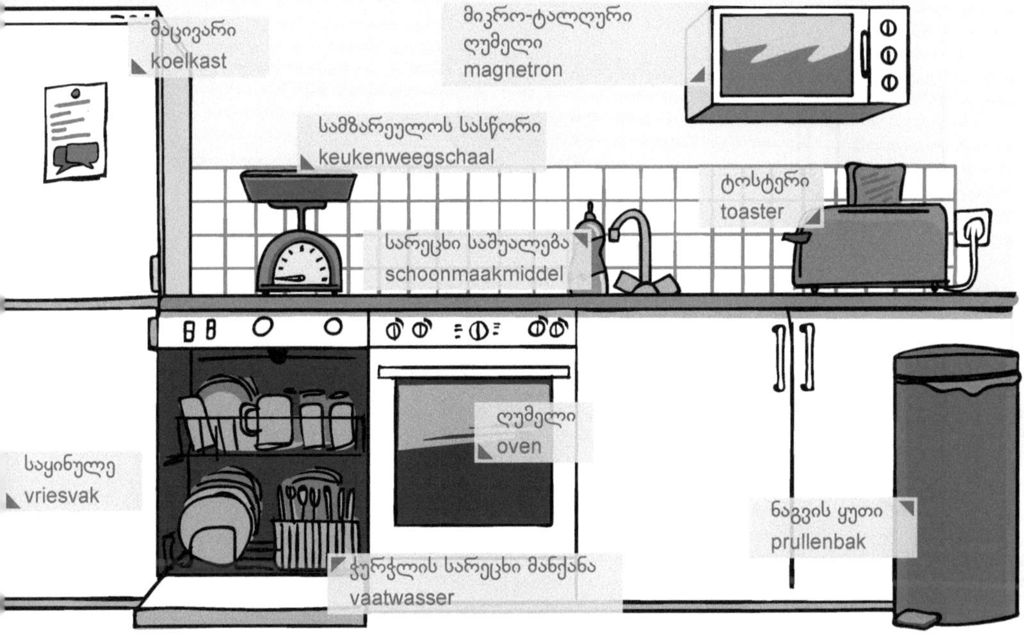

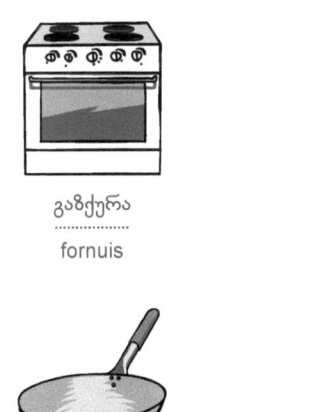

გაზქურა

fornuis

ქოთანი

pan

თუჯის ქვაბი

gietijzeren pan

ტაფა ამობერილი ფსკერით

wok / kadai

ტაფა

koekenpan

ჩაიდანი

ketel

სამზარეულო - keuken 35

ორთქლსახარში

stoomkoker

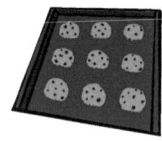

საცხობი ლანგარი

bakplaat

ჭურჭელი

servies

კათხა

beker

თასი

kom

ჩინური ჩხირები

eetstokjes

ჩამჩა

soeplepel

ფითხი

spatel

სათქვეფელა

garde

საწური

vergiet

საცერი

zeef

სახეხი

rasp

სანაყი

vijzel

გრილი

barbecue

კოცონი

vuurhaard

დაფა

snijplank

საგორავი

deegroller

ბურღი

kurkentrekker

ქილა

blik

ქილის გასახსნელი

blikopener

ქოთნის დამჭერი

pannenlap

ნიჟარა

wasbak

ფუნჯი

borstel

ღრუბელი

spons

ბლენდერი

blender

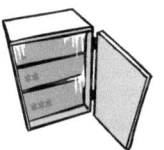

საყინულე კამერა

vriezer

საბავშვო ბოთლი

babyflesje

ონკანი

kraan

აბაზანა
badkamer

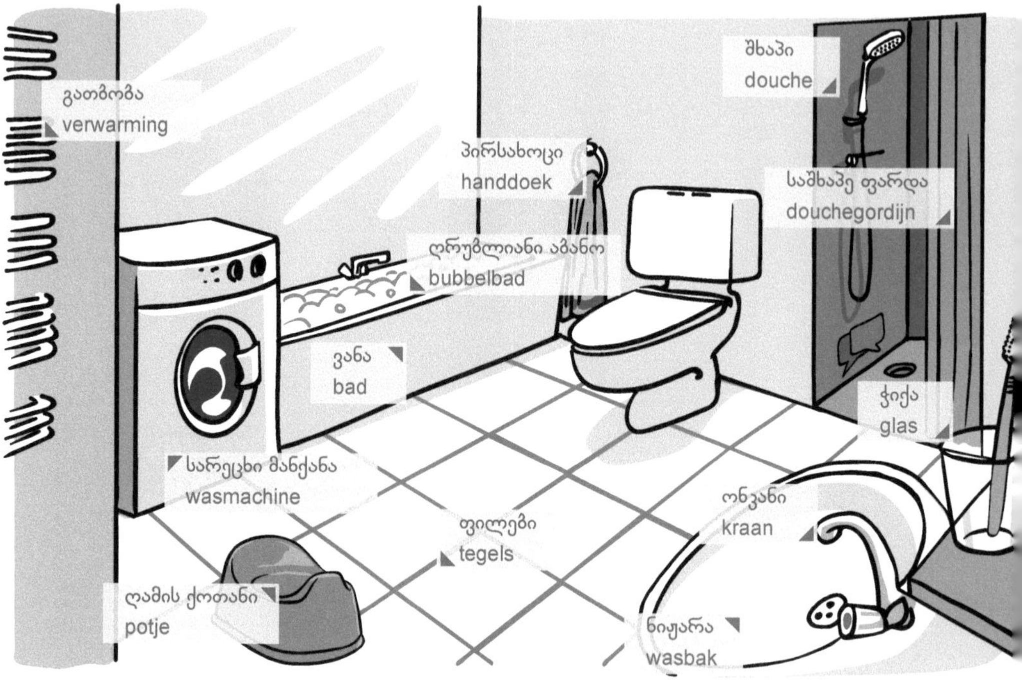

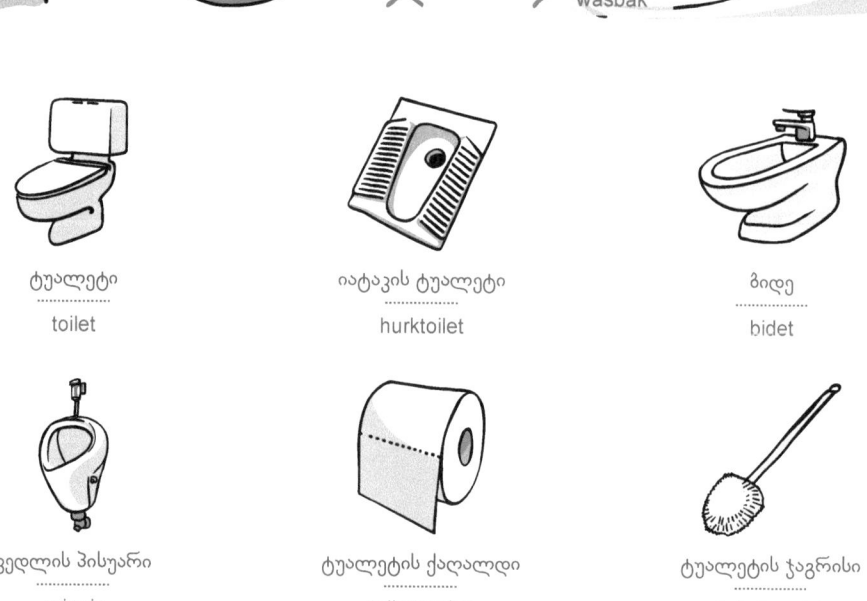

გათბობა
verwarming
შხაპი
douche
პირსახოცი
handdoek
საშხაპე ფარდა
douchegordijn
ღრუბლიანი აბანო
bubbelbad
ვანა
bad
ჭიქა
glas
სარეცხი მანქანა
wasmachine
ონკანი
kraan
ფილები
tegels
ღამის ქოთანი
potje
ნიჟარა
wasbak

ტუალეტი

toilet

იატაკის ტუალეტი

hurktoilet

ბიდე

bidet

კედლის პისუარი

urinoir

ტუალეტის ქაღალდი

toiletpapier

ტუალეტის ჯაგრისი

toiletborstel

კბილის ჯაგრისი

tandenborstel

კბილის პასტა

tandpasta

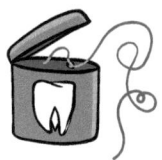

კბილის ძაფი

flosdraad

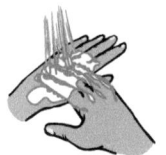

რეცხვა

wassen

ხელის შხაპი

handdouche

ინტიმური შხაპი

toiletdouche

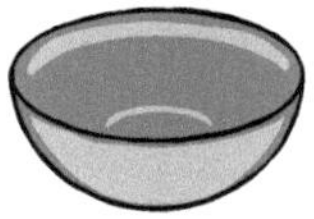

ტაშტი

waskom

ზურგის სახეხი ფუნჯი

rugborstel

საპონი

zeep

შხაპის გელი

douchegel

შამპუნი

shampoo

ნეჭა

washanje

სანიაღვრე

afvoer

კრემი

creme

დეოდორანტი

deodorant

სარკე

spiegel

ხელის სარკე

make-upspiegel

ბრიტვა

scheermes

საპარსი ქაფი

scheerschuim

საშუალება გაპარსვის
შემდეგ
aftershave

სავარცხელი

kam

ჯაგრისი

borstel

თმის საშრობი

haardroger

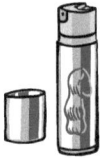

თმის ლაქი

haarspray

კოსმეტიკა

make-up

ტუჩების პომადა

lippenstift

ფრჩხილის ლაქი

nagellak

ბამბა

watten

ფრჩხილის მაკრატელი

nagelschaartje

სუნამო

parfum

კოსმეტიკის ჩანთა

toilettas

ტაბურეტი

kruk

სასწორი

weegschaal

საბაზანო ხალათი

badjas

რეზინის ხელთათმანები

rubber handschoenen

ტამპონი

tampon

სანიტარული პირსახოცი

maandverband

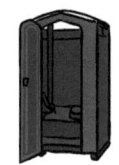

ბიო-ტუალეტი

chemisch toilet

საბავშვო ოთახი
kinderkamer

მაღვიძარა
wekker
რბილი სათამაშო
knuffeldier
სათამაშო მანქანა
speelgoedauto
ჩხარუნა სათამაშო
rammelaar
თოჯინების სახლი
poppenhuis
საჩუქარი
cadeau

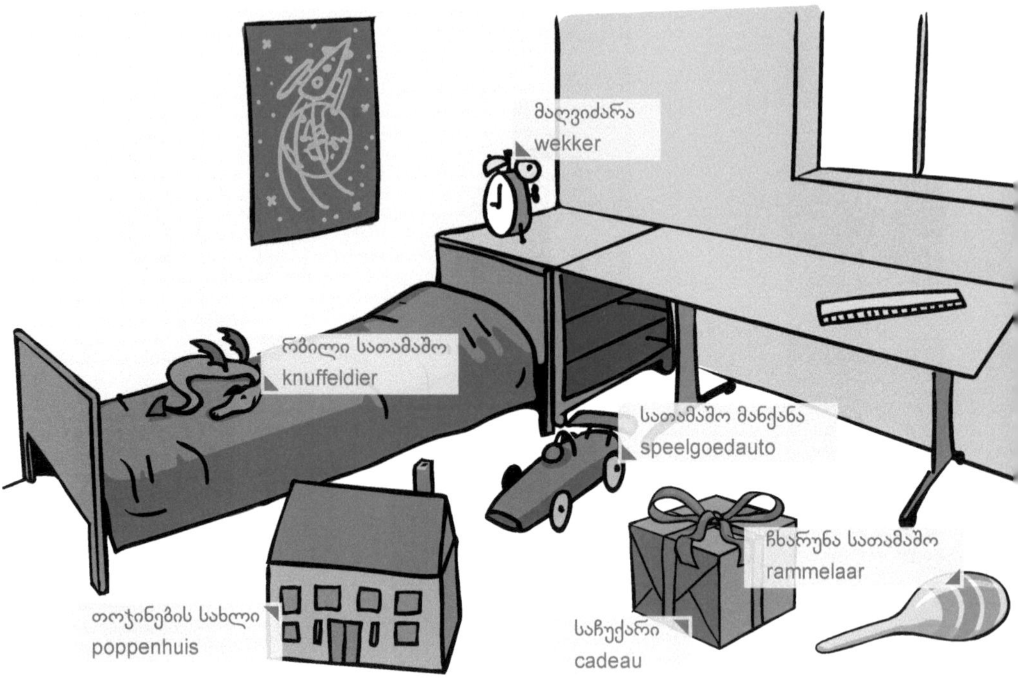

ბუშტი

ballon

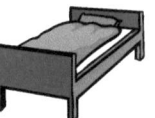

ლოგინი

bed

საბავშვო ეტლი

kinderwagen

კარტის თამაში

kaartspel

პაზლი

puzzel

კომიკსი

stripverhaal

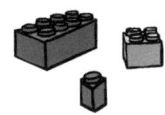

ლეგოს აგურები
legostenen

ასაშენებელი კუბიკები
speelgoedblokken

სათამაშო ფიგურა
actiefiguurtje

საცოცავი
romper

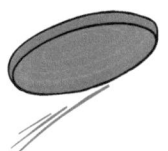

ფრისბი
frisbee

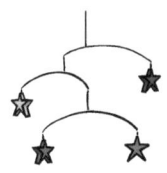

მობილე
mobile

სამაგიდო თამაში
bordspel

კამათელი
dobbelsteen

რკინიგზის მოდელი
modeltrein

საწოვარა
speen

წვეულება
feestje

წიგნი ნახატებით
prentenboek

ბურთი
bal

თოჯინა
pop

თამაში
spelen

საქვიშარი
zandbak

საქანელა
schommel

სათამაშოები
speelgoed

ვიდეო თამაშის კონსოლი
spelcomputer

სამთვლიანი ველოსიპედი
driewieler

დათუნია
teddybeer

გარდერობი
kleerkast

ტანსაცმელი
kleding

წინდები
sokken

ჩულქები
kousen

კოლგოტები
panty

შარფი
sjaal

ქოლგა
paraplu

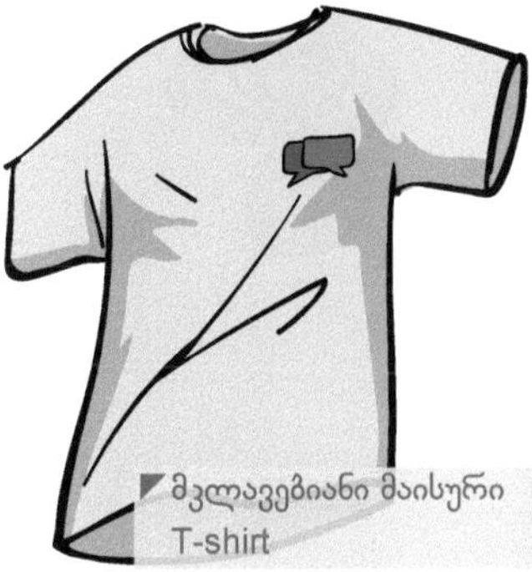

მკლავებიანი მაისური
T-shirt

ქამარი
riem

ბოტასები
sportschoenen

ფეხსაცმელი
laarzen

ჩუსტები
pantoffels

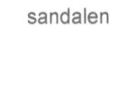

სანდლები

sandalen

ფეხსაცმელი

schoenen

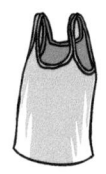

რეზინის ჩექმები

rubberlaarzen

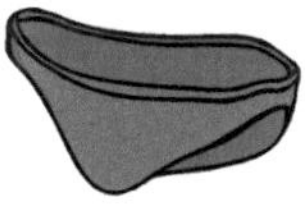

ტრუსები

onderbroek

ბიუსჰალტერი

beha

მაისური

onderhemd

სხეული

body

შარვალი

broek

ჯინსი

spijkerbroek

ქვედაკაბა

rok

ბლუზი

blouse

პერანგი

overhemd

სვიტრი

trui

კაპიუშონიანი ჟაკეტი

hoody

სპორტული ქურთუკი

blazer

ჟაკეტი

jas

პალტო

mantel

საწვიმარი

regenjas

კოსტუმი

kostuum

კაბა

jurk

საქორწილო კაბა

trouwjurk

კაცის კოსტიუმი

pak

ღამის პერანგი

nachthemd

პიჟამოები

pyjama

სარი

sari

თავშალი

hoofddoek

ტურბანი

tulband

ჩადრი

boerka

ხიფთანი

kaftan

აბაია

abaja

საცურაო კოსტუმი

zwempak

ჩემოდნები

zwembroek

შორტები

korte broek

სპორტული კოსტიუმი

trainingspak

წინსაფარი

schort

ხელთათმანები

handschoenen

ღილი

knoop

სათვალეები

bril

სამაჯური

armband

ყელსაბამი

ketting

ბეჭედი

ring

საყურე

oorbel

კეპი

pet

საკიდი

kledinghanger

ქუდი

hoed

ჰალსტუხი

stropdas

ელვა-შესაკრავის შეკვრა

rits

ჩაფხუტი

helm

აჭიმი

bretels

სკოლის ფორმა

schooluniform

ფორმა

uniform

გავშვის წინსაფარი

slabbetje

საწოვარა

speen

პამპერსი

luier

ოფისი

kantoor

სერვერი
server
საკანცელარიო კარადა
archiefkast
პრინტერი
printer
ქაღალდი
papier
მონიტორი
beeldscherm
თაგვი
muis
მაგიდა
bureau
საქაღალდე
map
კლავიატურა
toetsenbord
ათა ნარჩენი ქაღალდებისათვი
lenmand
კომპიუტერი
computer
სკამი
stoel

ყავის ფინჯანი

koffiemok

კალკულატორი

rekenmachine

ინტერნეტი

internet

ლეპტოპი

laptop

წერილი

brief

მესიჯი

bericht

მობილური ტელეფონი

mobiele telefoon

ქსელი

netwerk

სკანერი

kopieermachine

პროგრამული უზრუნველყოფა

software

ტელეფონი

telefoon

როზეტი

stopcontact

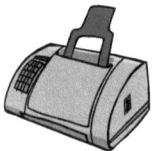

ფაქსის მანქანა

fax

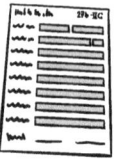

ფორმულარი

formulier

დოკუმენტი

document

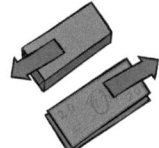

ყიდვა

kopen

გადახდა

betalen

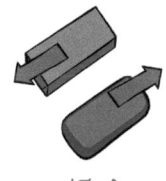

ვაჭრობა

handel drijven

ფული

geld

USD

დოლარი

dollar

EUR

ევრო

euro

JPY

იენი

yen

RUB

რუბლი

roebel

CHF

შვეიცარული ფრანკი

Zwitserse frank

ჟენმინბი იუანი

renminbi yuan

INR

რუპი

roepie

ბანკომატი

geldautomaat

ვალუტის გადაცვლის პუნქტი
wisselkantoor

ოქრო
goud

ვერცხლი
zilver

ნავთობი
olie

ენერგია
energie

ფასი
prijs

ხელშეკრულება
contract

გადასახადი
belasting

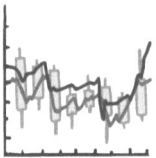

აქცია
aandeel

მუშაობა
werken

თანამშრომელი
werknemer

დამსაქმებელი
werkgever

ქარხანა
fabriek

მაღაზია
winkel

ეკონომიკა - economie

პროფესიები
beroepen

პოლიციის ოფიცერი
politieagent
მეხანძრე
brandweerman
მზარეული
kok
ექიმი
dokter
მფრინავი
piloot

მებაღე

tuinman

დურგალი

timmerman

თეთრეულის მკერავი ქალბატონი

naaister

მოსამართლე

rechter

ქიმიკოსი

scheikundige

მსახიობი

toneelspeler

ავტობუსის მძღოლი

buschauffeur

ტაქსის მძღოლი

taxichauffeur

მეთევზე

visser

დამლაგებელი ქალბატონი

schoonmaakster

სახურავის ოსტატი

dakdekker

მიმტანი

ober

მონადირე

jager

ფერმწერი

schilder

მცხობელი

bakker

ელექტრიკოსი

elektricien

მშენებელი

bouwvakker

ინჟინერი

ingenieur

ყასაბი

slager

სანტექნიკოსი

loodgieter

ფოსტალიონი

postbode

ჯარისკაცი

soldaat

არქიტექტორი

architect

მოლარე

kassier

ფლორისტი

bloemist

პარიკმახერი

kapper

კონდუქტორი

conducteur

მექანიკოსი

monteur

კაპიტანი

kapitein

სტომატოლოგი

tandarts

მეცნიერი

wetenschapper

რაბინი

rabbi

იმამი

imam

ბერი

monnik

სასულიერო პირი

pastoor

იარაღები
gereedschap

ჩაქუჩი
hamer
ბრტყელტუჩა
tang
სახრახნისი
schroevendraaier
ქანჩის გასაღები
moersleutel
ჯიბის სანათი
zaklamp

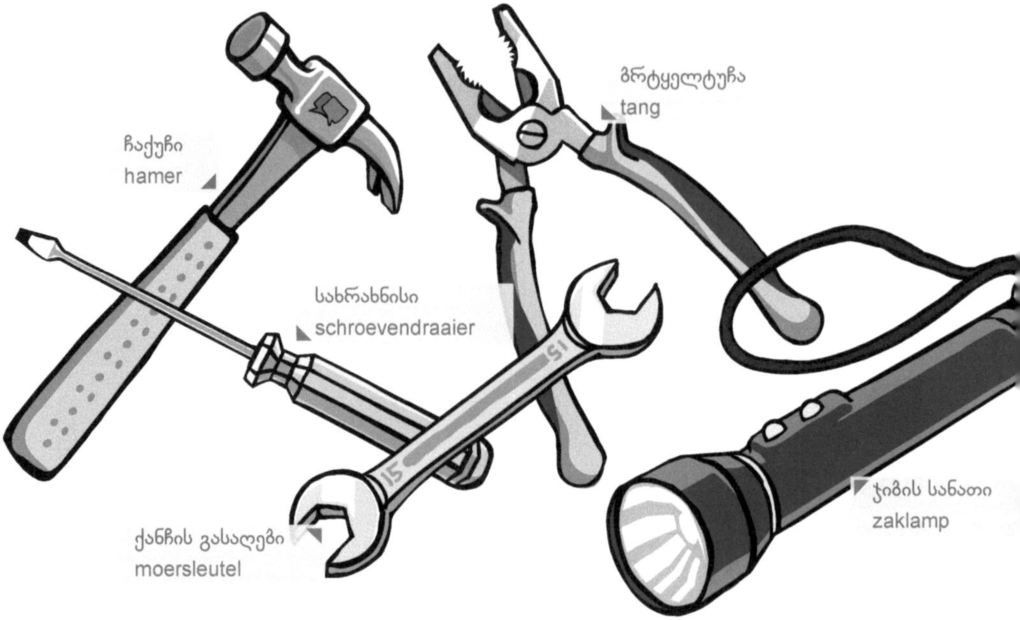

ექსკავატორი

graafmachine

იარაღების ყუთი

gereedschapskist

კიბე

ladder

ხერხი

zaag

ლურსმნები

spijkers

საბურღი

boor

შეკეთება

repareren

ნიჩაბი

schep

ანდაზა!

Verdorie!

აქანდაზი

stofblik

საღებავის ქოთანი

verfpot

ხრახნები

schroeven

მუსიკალური ინსტრუმენტები

muziekinstrumenten

დასარტყამი ინსტრუმენტების კრებული
drumstel
რეპროდუქტორ
ი
luidspreker
გიტარა
gitaar
კონტრაბასი
contrabas
საყვირი
trompet

ფორტეპიანო
piano

ვიოლინო
viool

ბასი
bas

ტიმპანონი
pauk

დასარტყამები
trommel

კლავიშები
keyboard

საქსოფონი
saxofoon

ფლეიტა
fluit

მიკროფონი
microfoon

ზოოპარკი

dierentuin

შესასვლელი
ingang
ვეფხვი
tijger
გალია
kooi
ზებრა
zebra
ცხოველთა საკვები
dierenvoer
პანდა
panda

ცხოველები

dieren

სპილო

olifant

კენგურუ

kangoeroe

მარტორქა

neushoorn

გორილა

gorilla

დათვი

beer

აქლემი

kameel

სირაქლემა

struisvogel

ლომი

leeuw

მაიმუნი

aap

ფლამინგო

flamingo

თუთიყუში

papegaai

პოლარული დათვი

ijsbeer

პინგვინი

pinguïn

ზვიგენი

haai

ფარშევანგი

pauw

გველი

slang

ნიანგი

krokodil

ზოოპარკის მფლობელი

dierenverzorger

სელაპი

zeehond

იაგუარი

jaguar

პონი
pony

ლეოპარდი
luipaard

ბეჰემოტი
nijlpaard

ჟირაფი
giraffe

არწივი
adelaar

ტახი
wild zwijn

თევზი
vis

კუ
schildpad

მორჟი
walrus

მელა
vos

გაზელი
gazelle

სპორტი
sport

ამერიკული ფეხბურთი
American football
ველოსპორტი
wielrennen
ჩოგბურთი
tennis
კალათბურთი
basketbal
ცურვა
zwemmen
კრივი
boksen
ყინულის ჰოკეი
ijshockey

ფეხბურთი
voetbal

ბადმინტონი
badminton

მძლეოსნობა
atletiek

ხელბურთი
handbal

სათხილამურო სპორტი
skiën

წყლის პოლო
polo

მოქმედებები
activiteiten

გადახტომა
springen
ჩახუტება
knuffelen
დაცინვა
lachen
სეირნობა
lopen
სიმღერა
zingen
ოცნებობა
dromen
ლოცვა
bidden
კოცნა
kussen

წერა
schrijven

დახატვა
tekenen

ჩვენება
tonen

დაჭერა
duwen

მიცემა
geven

აღება
oppakken

ქონა

hebben

კეთება

doen

ყოფნა

zijn

დგომა

staan

გარბენა

rennen

მოქაჩვა

trekken

გადაყრა

gooien

დაცემა

vallen

ტყუილის თქმა

liggen

მოცდენა

wachten

ტარება

dragen

ჯდომა

zitten

ჩაცმა

aankleden

ძილი

slapen

გაღვიძება

wakker worden

დათვალიერება
bekijken

ტირილი
huilen

გაუთოება
strelen

დავარცხნა
kammen

ლაპარაკი
praten

გაგება
begrijpen

შეკითხვა
vragen

მოსმენა
horen

დალევა
drinken

ჭამა
eten

დალაგება
opruimen

ყვარება
houden van

კერძების მზადება
koken

სვლა
rijden

ფრენა
vliegen

აფრის ქვეშ სიარული

zeilen

გამოთვლა

rekenen

წაკითხვა

lezen

შესწავლა

leren

მუშაობა

werken

ქორწინება

trouwen

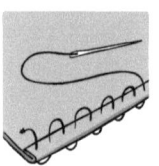

კერვა

naaien

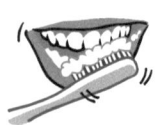

კბილების ხეხვა

tandenpoetsen

მოკვლა

doden

მოწევა

roken

გაგზავნა

verzenden

ბებია
grootmoeder
ბაბუა
grootvader
მამა
vader
დედა
moeder
ბავშვი
baby
ქალიშვილი
dochter
ვაჟიშვილი
zoon

სტუმარი

gast

დეიდა

tante

ბიძა

oom

ძმა

broer

და

zus

სხეული
lichaam

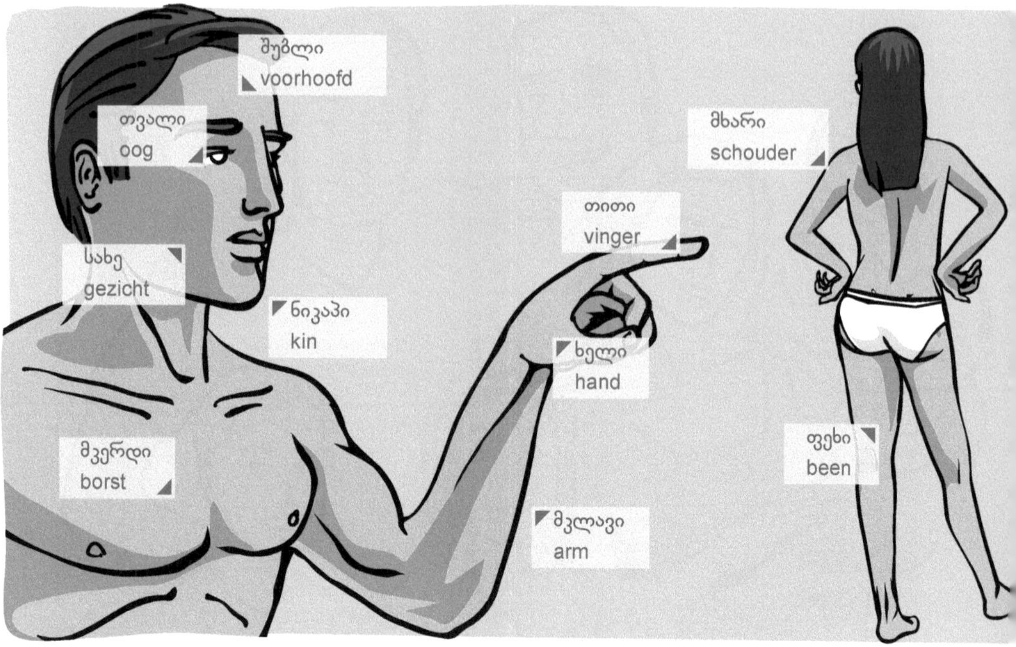

შუბლი
voorhoofd
თვალი
oog
მხარი
schouder
თითი
vinger
სახე
gezicht
ნიკაპი
kin
ხელი
hand
მკერდი
borst
ფეხი
been
მკლავი
arm

ბავშვი
baby

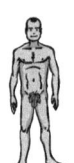

კაცი
man

ქალი
vrouw

გოგო
meisje

ბიჭი
jongen

თავი
hoofd

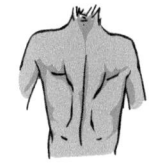

ზურგი

rug

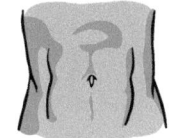

მუცელი

buik

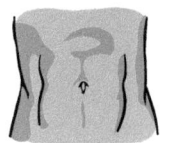

ჭიპი

navel

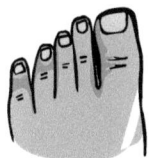

ფეხის თითი

teen

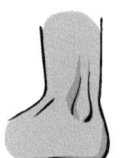

ქუსლი

hiel

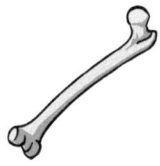

ძვალი

bot

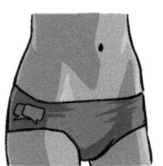

ბარძაყი

heup

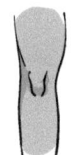

მუხლი

knie

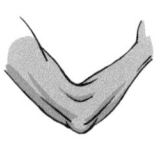

იდაყვი

elleboog

ცხვირი

neus

დუნდულა

achterwerk

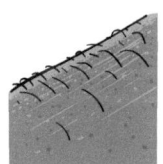

კანი

huid

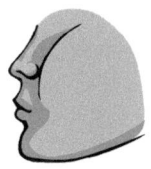

ლოყა

wang

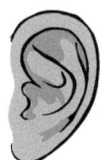

ყური

oor

ტუჩი

lippen

პირი

mond

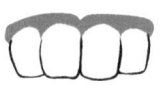

კბილი

tand

ენა

tong

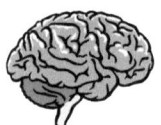

ტვინი

hersenen

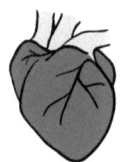

გული

hart

კუნთი

spier

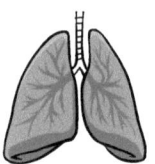

ფილტვი

long

ღვიძლი

lever

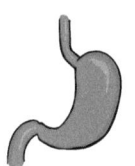

კუჭი

maag

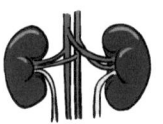

თირკმელები

nieren

სექსი

geslachtsgemeenschap

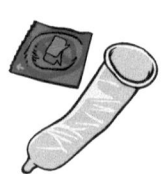

პრეზერვატივი

condoom

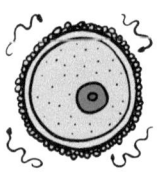

კვერცხუჯრედი

eicel

სპერმა

sperma

ორსულობა

zwangerschap

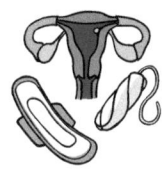

მენსტრუაცია

menstruatie

საშო

vagina

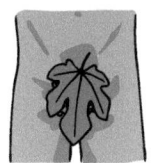

პენისი

penis

წარბი

wenkbrauw

თმა

haar

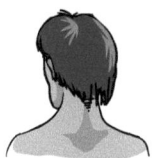

კისერი

hals

საავადმყოფო
ziekenhuis

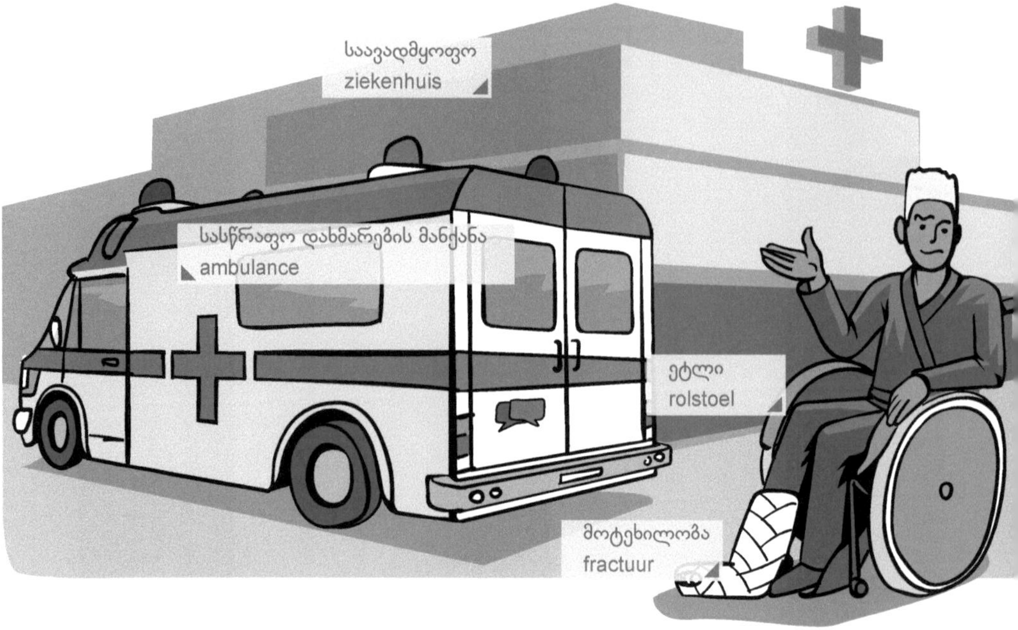

საავადმყოფო
ziekenhuis
სასწრაფო დახმარების მანქანა
ambulance
ეტლი
rolstoel
მოტეხილობა
fractuur

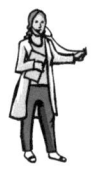

ექიმი

dokter

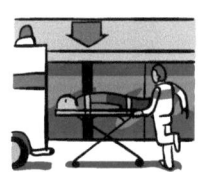

პირველი დახმარების ოთახი

EHBO

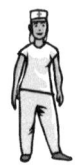

მედდა

verpleegster

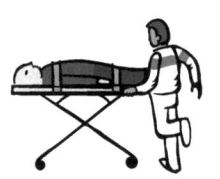

გადაუდებელი შემთხვევა

noodgeval

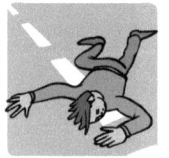

უგონოდ მყოფი

bewusteloos

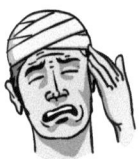

ტკივილი

pijn

დაზიანება
verwonding

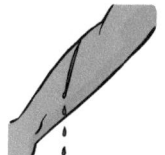

სისხლდენა
bloeding

გულის შეტევა
hartaanval

ინსულტი
beroerte

ალერგია
allergie

ხველა
hoest

ცხელება
koorts

გრიპი
griep

დიარეა
diarree

თავის ტკივილი
hoofdpijn

კიბო
kanker

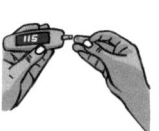

დიაბეტი
diabetes

ქირურგი
chirurg

სკალპელი
scalpel

ოპერაცია
operatie

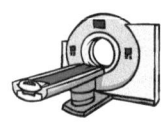

კტ
CT

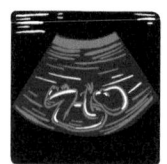

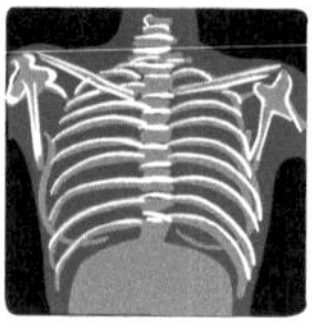

რენტგენი
röntgen

ულტრაბგერა
echografie

ნიღაბი
gezichtsmasker

დაავადება
ziekte

მოსაცდელი ოთახი
wachtkamer

ყავარჯენი
kruk

თაბაშირი
pleister

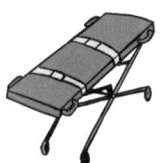

ბინტი
verband

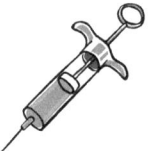

ინექცია
injectie

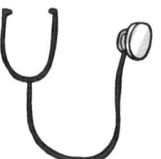

სტეტოსკოპი
stethoscoop

საკაცე
brancard

თერმომეტრი
thermometer

დაბადება
geboorte

ჭარბი წონა
overgewicht

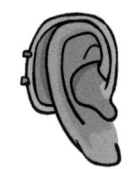

სმენის აპარატი

gehoorapparaat

სადეზინფექციო საშუალება

ontsmettingsmiddel

ინფექცია

infectie

ვირუსი

virus

აივ / შიდსი

HIV / AIDS

წამალი

medicijn

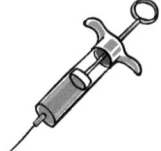

ვაქცინაცია

inenting

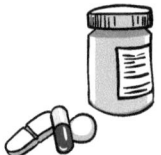

ტაბლეტები

tabletten

აბი

pil

ადაუდებელი გამოძახება

alarmnummer

წნევის საზომი აპარატი

bloeddrukmeter

ავადმყოფი / ჯანმრთელი

ziek / gezond

გადაუდებელი შემთხვევა
noodgeval

დამეხმარეთ!

Help!

განგაში

alarm

თავდასხმა

overval

შეტევა

aanval

საფრთხე

gevaar

სათადარიგო გასასვლელი

nooduitgang

ხანძარი!

Brand!

ცეცხლსაქრობი

brandblusser

უბედური შემთხვევა

ongeluk

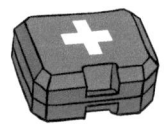

პირველადი დახმარების აფთიაქი

EHBO-koffer

SOS

SOS

პოლიცია

politie

ევროპა

Europa

ჩრდილოეთ ამერიკა

Noord-Amerika

სამხრეთ ამერიკა

Zuid-Amerika

აფრიკა

Afrika

აზია

Azië

ავსტრალია

Australië

ატლანტიკა

Atlantische Oceaan

წყნარი ოკეანე

Stille Oceaan

ინდოეთის ოკეანე

Indische Oceaan

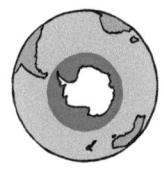

ანტარქტიკის ოკეანე

Zuidelijke Oceaan

ჩრდილოეთის ყინულოვანი
ოკეანე
Noordelijke IJszee

ჩრდილოეთ პოლუსი

Noordpool

სამხრეთ პოლუსი

Zuidpool

ანტარქტიდა

Antarctica

დედამიწა

aarde

ხმელეთი

land

ზღვა

zee

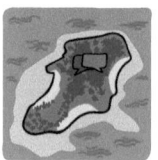

კუნძული

eiland

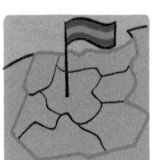

ერი

natie

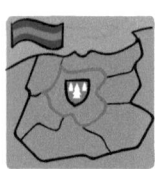

სახელმწიფო

staat

საათი

klok

ციფერბლატი

wijzerplaat

საათების ისარი

uurwijzer

წუთების ისარი

minutenwijzer

წამების ისარი

secondewijzer

რომელი საათია?

Hoe laat is het?

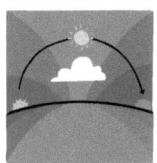

დღე

dag

დრო

tijd

ახლა

nu

ციფრული საათი

digitaal horloge

წუთი

minuut

საათი

uur

კვირა
week

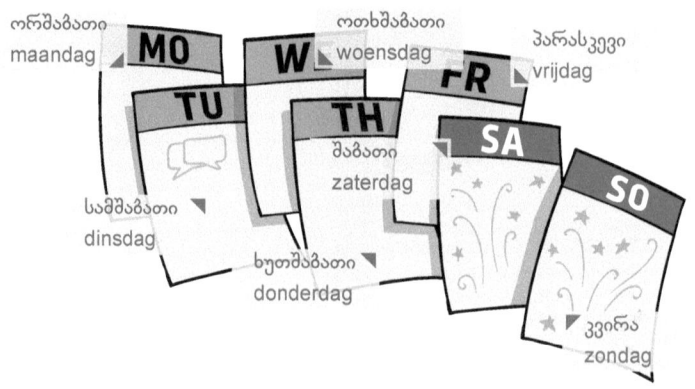

ორშაბათი
maandag

სამშაბათი
dinsdag

ოთხშაბათი
woensdag

ხუთშაბათი
donderdag

პარასკევი
vrijdag

შაბათი
zaterdag

კვირა
zondag

გუშინ
....
gisteren

დღეს
....
vandaag

ხვალ
....
morgen

დილა
....
ochtend

შუადღე
....
middag

საღამო
....
avond

სამუშაო დღეები
....
werkdagen

შაბათი-კვირა
....
weekend

წვიმა
regen
ცისარტყელა
regenboog
ქარი
wind
თოვლი
sneeuw
გაზაფხული
voorjaar
ზაფხული
zomer
შემოდგომა
herfst
ზამთარი
winter

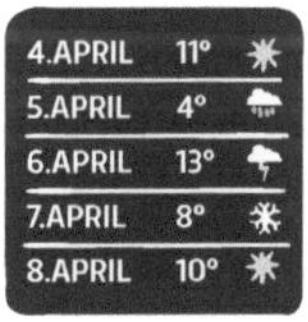

4.APRIL 11°
5.APRIL 4°
6.APRIL 13°
7.APRIL 8°
8.APRIL 10°

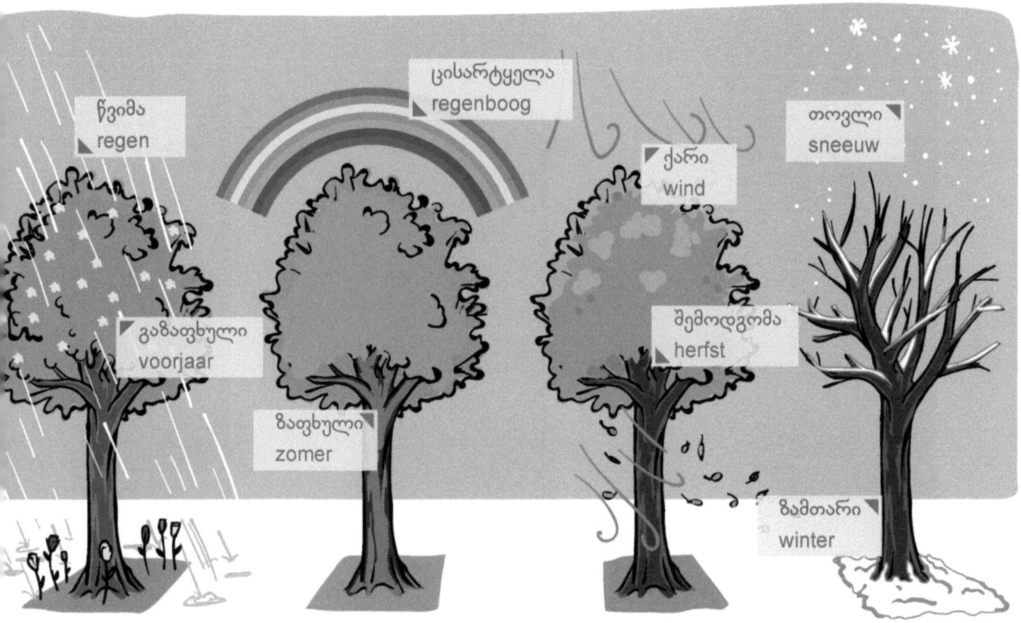

ამინდის პროგნოზი
weerbericht

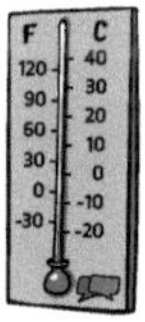

თერმომეტრი
thermometer

მზის სხივი
zonneschijn

ღრუბელი
wolk

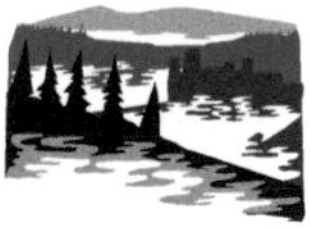

ნისლი
mist

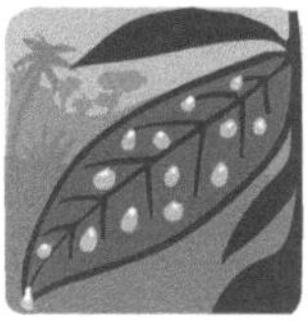

ტენიანობა
luchtvochtigheid

ელვა

bliksem

ქუხილი

donder

შტორმი

storm

სეტყვა

hagel

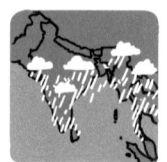

მუსონი

moesson

წყალდიდობა

overstroming

ყინული

ijs

იანვარი

januari

თებერვალი

februari

მარტი

maart

აპრილი

april

მაისი

mei

ივნისი

juni

ივლისი

juli

აგვისტო

augustus

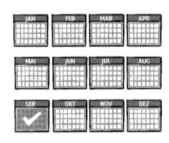

სექტემბერი

september

ოქტომბერი

oktober

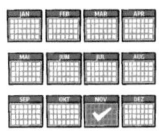

ნოემბერი

november

დეკემბერი

december

ფორმები

vormen

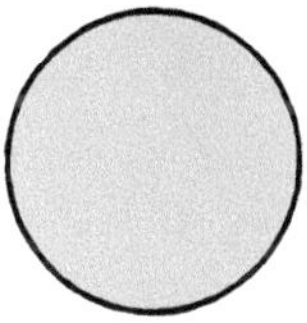

წრე

cirkel

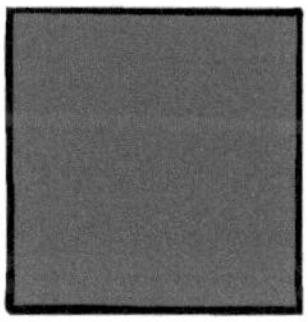

კვადრატი

vierkant

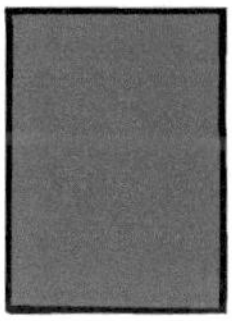

მართკუთხედი

rechthoek

სამკუთხედი

driehoek

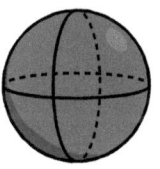

სფერო

bol

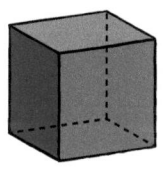

კუბი

kubus

ფერები
kleuren

თეთრი

wit

ყვითელი

geel

ნარინჯისფერი

oranje

ვარდისფერი

roze

წითელი

rood

იისფერი

paars

ცისფერი

blauw

მწვანე

groen

ყავისფერი

bruin

ნაცრისფერი

grijs

შავი

zwart

საპირისპიროები

tegenstellingen

ბევრი / ცოტა

veel / weinig

გაბრაზებული / მშვიდი

boos / rustig

ლამაზი / მახინჯი

mooi / lelijk

დასაწყისი / დასასრული

begin / einde

დიდი / პატარა

groot / klein

ნათელი / მუქი

licht / donker

ძმა / და

broer / zus

სუფთა / ჭუჭყიანი

schoon / vies

სრული / არასრული

volledig / onvolledig

დღე / ღამე

dag/ nacht

მკვდარი / ცოცხალი

dood / levend

განიერი / ვიწრო

breed / smal

საჭმელად ვარგისი / საჭმელად უვარგისი

eetbaar / oneetbaar

ბოროტი / კეთილი

gemeen / aardig

შთამბეჭდავი / მოსაწყენი

opgewonden / verveeld

სქელი / თხელი

dik / dun

პირველი / ბოლო

eerste / laatste

მეგობარი / მტერი

vriend / vijand

სრული / ცარიელი

vol / leeg

მყარი / რბილი

hard / zacht

მძიმე / მსუბუქი

zwaar / licht

მოშიებული / მწყურვალე

honger / dorst

ავადმყოფი / ჯანმრთელი

ziek / gezond

არალეგალური / ლეგალური

illegaal / legaal

ინტელექტუალი / სულელი

intelligent / dom

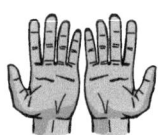

მარცხენა / მარჯვენა

links / rechts

ახლოს / შორს

dichtbij / ver

ახალი / გამოყენებული

nieuw / gebruikt

არაფერი / რაღაცა

niets / iets

მოხუცი / ახალგაზრდა

oud / jong

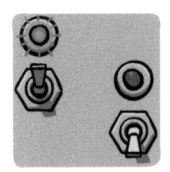

ჩართვა / გამორთვა

aan / uit

ღია / დახურული

open / gesloten

ჩუმი / ხმამაღალი

zacht / luid

მდიდარი / ღარიბი

rijk / arm

მართალი / მტყვანი

goed / fout

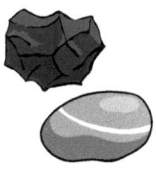

უხეში / გლუვი

ruw / glad

სევდიანი / ბედნიერი

verdrietig / gelukkig

მოკლე / გრძელი

kort / lang

ნელი / სწრაფი

langzaam / snel

სველი / მშრალი

nat / droog

თბილი / გრილი

warm / koel

ომი / მშვიდობა

oorlog / vrede

რიცხვები
getallen

0	1	2
ნული	ერთი	ორი
nul	één	twee
3	4	5
სამი	ოთხი	ხუთი
drie	vier	vijf
6	7	8
ექვსი	შვიდი	რვა
zes	zeven	acht
9	10	11
ცხრა	ათი	თერთმეტი
negen	tien	elf

12

თორმეტი

twaalf

13

ცამეტი

dertien

14

თოთხმეტი

veertien

15

თხუთმეტი

vijftien

16

თექვსმეტი

zestien

17

ჩვიდმეტი

zeventien

18

თვრამეტი

achttien

19

ცხრამეტი

negentien

20

ოცი

twintig

100

ასი

honderd

1.000

ათასი

duizend

1.000.000

მილიონი

miljoen

ენები
talen

ინგლისური

Engels

ამერიკული ინგლისური

Amerikaans Engels

ჩინური მანდარინი

Chinees Mandarijn

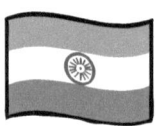

ჰინდი

Hindi

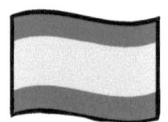

ესპანური

Spaans

ფრანგული

Frans

არაბული

Arabisch

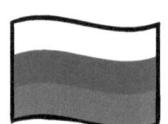

რუსული

Russisch

პორტუგალიური

Portugees

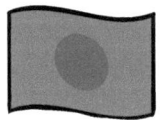

ბენგალური

Bengalees

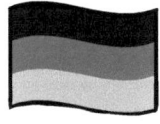

გერმანული

Duits

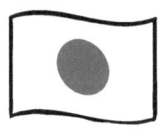

იაპონური

Japans

ვინ / რა / როგორ

wie / wat / hoe

მე

ik

შენ

jij

ის / ის / იგი

hij / zij / het

ჩვენ

wij

თქვენ

jullie

ისინი

zij

ვინ?

wie?

რა?

wat?

როგორ?

hoe?

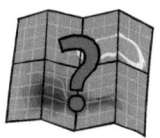

სად?

waar?

როდის?

wanneer?

სახელი

naam

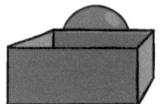

სად
waar

უკან

achter

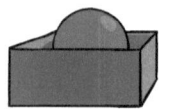

შიგნით

in

წინ

voor

ზედ

boven

=-ზე

op

ქვეშ

onder

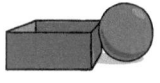

გვერდით

naast

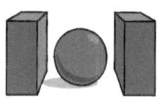

შორის

tussen

ადგილი

plaats